LE PAPYRUS PRISSE

ET SES VARIANTES

PAPYRUS DE LA BIBLIOTHÈQUE NATIONALE (N⁰ˢ 183 à 194)

PAPYRUS 10371 ET 10435 DU BRITISH MUSEUM

TABLETTE CARNARVON AU MUSÉE DU CAIRE

PUBLIÉS EN FAC-SIMILÉ
(16 PLANCHES EN PHOTOTYPIE)

AVEC INTRODUCTION

PAR

G. JÉQUIER

PARIS

LIBRAIRIE PAUL GEUTHNER

68, RUE MAZARINE (VIᵉ)

1911

LE PAPYRUS PRISSE

ET SES VARIANTES

MACON, PROTAT FRÈRES, IMPRIMEURS

LE PAPYRUS PRISSE

ET SES VARIANTES

PAPYRUS DE LA BIBLIOTHÈQUE NATIONALE (N°s 183 à 194)

PAPYRUS 10371 ET 10435 DU BRITISH MUSEUM

TABLETTE CARNARVON AU MUSÉE DU CAIRE

PUBLIÉS EN FAC-SIMILÉ
(16 PLANCHES EN PHOTOTYPIE)

AVEC INTRODUCTION

PAR

G. JÉQUIER

PARIS

LIBRAIRIE PAUL GEUTHNER

68, RUE MAZARINE (VIe)

1911

LE PAPYRUS PRISSE

ET SES VARIANTES

INTRODUCTION

I. — LE PAPYRUS PRISSE

ORIGINE DU PAPYRUS.

Lorsque Prisse d'Avennes acheta le papyrus qui devait plus tard porter son nom, il ne put, comme d'habitude en pareil cas, obtenir aucun renseignement sur son origine et l'endroit où il avait été découvert. Néanmoins, comme il était en train de fouiller dans la nécropole thébaine, à Drah-aboul-Negga, et que le vendeur était un de ses ouvriers, il eut la conviction que le rouleau provenait d'un des tombeaux ouverts par lui et lui avait été volé; il croyait, comme il le disait à Chabas [1], que ce manuscrit avait fait partie du mobilier funéraire d'un des Antef, de la XIe dynastie, dont il avait découvert la tombe peu auparavant.

Cette hypothèse, qui n'a du reste pas été contestée, est pleinement justifiée, et si le texte remonte à l'Ancien Empire, le papyrus lui-même, à en juger par son format aussi bien que par le caractère paléographique de l'écriture, est incontestablement un peu antérieur aux manuscrits littéraires de la XIIe dynastie et remonte par conséquent aux débuts du premier royaume thébain.

Ce papyrus, donné par Prisse à la Bibliothèque Nationale, fait partie du fonds des manuscrits égyptiens, où il porte les n°s 183-194. Nous tenons à exprimer ici notre reconnaissance à la Direction du Département des Manuscrits, qui a bien voulu mettre à notre disposition ce papyrus et nous autoriser à le reproduire.

PUBLICATIONS.

En 1847, le manuscrit fut publié sous le titre suivant : *Fac-similé d'un papyrus égyptien en caractères hiératiques, trouvé à Thèbes et donné à la Bibliothèque nationale de Paris*, par E. Prisse d'Avennes, sans aucun texte, même sans préface. Les belles planches lithographiées, à la grandeur de l'original, en offrent une reproduction des plus fidèles; il y reste à peine quelques signes douteux et l'on peut dire que, à côté des autres reproductions lithographiques de papyrus, celle-ci est certainement la meilleure. Elle fut du reste tirée à un très petit nombre d'exemplaires, est épuisée depuis très longtemps et presque introuvable maintenant.

Dans la *Hieratische Palaeographie* de M. Möller [2], on trouve une excellente reproduction en phototypie de la première page du papyrus Prisse, légèrement réduite. Le même auteur donne dans ses *Hieratische Lesestücke* deux autres pages lithographiées, sans doute

---

[1] *Rev. Arch.*, 1re série, XV, p. 1. Ce sont les seuls renseignements que nous ayons sur l'acquisition du papyrus.

[2] Tome I, pl. IV.

d'après la publication de Prisse[1]. On en a aussi reproduit parfois une ou plusieurs lignes comme échantillon d'écriture hiératique égyptienne[2].

TRADUCTIONS.

Les principes moraux contenus au papyrus Prisse constituent le texte littéraire égyptien le plus difficile à traduire; si le sens général n'est pas douteux, on trouve, en comparant les diverses traductions, des divergences parfois considérables dans l'interprétation des détails, qui montrent que l'on n'est pas encore arrivé à une compréhension parfaite.

Le premier travail sérieux fait sur ce sujet — car on ne peut citer que pour mémoire la traduction fantaisiste du Dr HEATH[3] — est l'étude que CHABAS publia en 1858 : *Le plus ancien livre du monde. Étude sur le papyrus Prisse*[4], avec la traduction d'un bon nombre de passages, l'analyse des autres et un aperçu général de l'ensemble.

La traduction de LAUTH[5], qui date de 1869, est publiée en latin ; elle est complète et enrichie de nombreuses notes.

M. VIREY consacra en 1885[6] une étude très développée au papyrus Prisse; il donne, en regard de la transcription et de sa traduction intégrale, celles de ses devanciers, le tout accompagné d'un commentaire sous forme de notes et suivi d'un index.

En deux articles intitulés *Les deux préfaces du Papyrus Prisse*[7] et *Les Maximes de Ptahhotep*[8], M. EUG. REVILLOUT donne, à côté de la transcription, une traduction complète du papyrus, qui diffère sensiblement de celles de ses devanciers.

Il reste à citer quelques traductions partielles comme celle de DÜMICHEN[9] qui ne comprend que les deux premières pages du papyrus, les Maximes de Kaqemna; celle de M. GRIFFITH renferme aussi le même morceau, plus le commencement des préceptes de Ptahhotep[10]. Dans le Supplément de son *Dictionnaire hiéroglyphique*[11], BRUGSCH a inséré la traduction de plusieurs longs passages du livre de Ptahhotep.

Enfin MM. E. DÉVAUD et P. MONTET préparent actuellement une édition critique du papyrus Prisse, pour la *Bibliothèque d'études* de l'Institut français d'Archéologie orientale du Caire, qui sera comme le complément de notre publication de planches.

DESCRIPTION DU PAPYRUS.

Comme plusieurs autres manuscrits littéraires de la même époque, la hauteur de celui-ci, qui varie entre o m. 145 et o m. 15, est celle de la demi-feuille de papyrus telle qu'elle sortait des mains du fabricant. C'est donc un des formats courants, celui qu'on pourrait appeler *demi-folio*.

Le papyrus, dont la longueur totale est de 7 m. 05, a été coupé en douze sections, de longueurs diverses correspondant aux divisions naturelles du texte en pages, qui sont actuellement collées sur des cartons et encadrées, sous verre. Il n'est donc pas possible d'en étudier le verso qui est, comme d'habitude, la face où les fibres du papyrus sont posées verticalement, tandis qu'au recto elles sont disposées dans le sens horizontal.

Les feuilles dont se compose le papyrus sont de longueur très

1. Les morceaux reproduits aux pl. II et III de cet ouvrage sont p. IV, l. 1-4 ; p. IX, l. 7-12; p. X, l. 8-10; p. XIII, l. 9-12; p. XVII, l. 10-12.
2. P. ex. DÜMICHEN-MEYER, *Geschichte des Alten Aegyptens* (1887), planche en regard de la p. 274, reproduisant la p. 4 du papyrus.
3. On a Manuscript of the Phœnician King Assa, ruling in Egypt earlier than Abraham. — *Monthly Review*, juillet 1856.
4. *Revue Archéologique*, 1re série, t. XV, p. 1-25. Réimprimé dans la *Bibliothèque égyptologique*, t. IX (1er vol. des œuvres de Chabas), p. 183-214 (cf. la rectification d'un passage dans la *Zeitschrift*, VI, p. 101).
5. *Sitzungsberichte der kg. bayerischen Akademie der Wissenschaften*, 1869-1870.
6. *Études sur le papyrus Prisse*. Le livre de Kaqimna et les leçons de Ptah-Hotep. Paris, 1887 (Bibliothèque de l'École des Hautes Études, t. LXX).
7. *Revue Égyptologique*, VII (1896), p. 189-198.
8. *Ibid.*, X (1902), p. 101-145. — Cf. REVILLOUT, *Les drames de la conscience*, I, p. 14-35.
9. Dans *Les Bibles et les Initiateurs religieux de l'Humanité*, par L. Leblois, liv. II, vol. 2, 1re part., p. 80.
10. *Proceedings of the Society of Biblical Archaeology*, XIII, p. 65-76 (avec transcription).
11. Liste des passages traduits, pl. IV, 2-V, 2 : p. 966; VII, 7-8 : p. 952; VIII, 2-5 : p. 266; VIII, 11-13 : p. 221; IX, 3-7 : p. 1298; IX, 7-13 : p. 115; IX, 13-X, 3 : p. 884; X, 5-8 : p. 255; XII, 1-6 : p. 936; XII, 6-7 : p. 1161 (et p. 880); XIII, 9-11 : p. 157; XIV, 12-XV, 2 : p. 1087; XV, 6-8 : p. 1181; XVI, 13-XVII, 7 : p. 592.

inégale : les unes ont o m. 37, o m. 38, o m. 39 et même o m. 41 de long, tandis que d'autres, moins nombreuses, atteignent seulement o m. 12 et o m. 14; enfin une petite quantité de feuilles moyennes mesurent de o m. 20 à o m. 30. Elles sont en général d'une seule venue, bien homogènes, mais il en est cependant où l'on remarque une différence de coloration provenant du fait que deux éléments disparates ont été réunis, dans le sens horizontal [1]. Toutes ces feuilles sont collées bout à bout, chevauchant l'une sur l'autre de o m. 01 environ; généralement c'est la feuille de gauche qui empiète sur celle de droite, le contraire n'ayant lieu que dans deux ou trois cas seulement. Les raccords sont très soigneusement faits et bien écrasés, de manière à ne laisser aucune saillie qui puisse gêner l'écrivain; il est parfois difficile de les distinguer sur l'original; tous ces raccords, qui sont au nombre de vingt-deux, ont été faits par le fabricant et non par le scribe [2].

Le papyrus, d'une couleur brun clair sur laquelle se détache très nettement l'écriture, est d'une conservation parfaite : les bords même sont à peine effrangés et, s'il se présente ici ou là de petites fissures, elles n'atteignent même pas le texte. Tel qu'il est, le manuscrit semble n'avoir jamais servi et avoir été déposé, sitôt écrit, à l'endroit où il fut découvert au cours du siècle dernier, donc probablement dans un tombeau. Rien n'indique que le commencement du papyrus ait disparu, comme on le croit généralement : il semblerait plutôt, quand on examine avec soin l'extrémité de la première planche, que nous avons bien entre les mains le début du rouleau. Il n'en est pas de même pour la fin, où la coupure, très franche, a l'air d'avoir été faite avec des ciseaux, sans doute au moment du montage sur carton, pour enlever une partie un peu détériorée, sur laquelle il n'y avait du reste pas d'écriture.

Il résulte de toutes ces observations que le papyrus Prisse doit avoir été trouvé roulé, comme il l'était quand il sortit des mains de l'écrivain ou au moment où quelqu'un venait de finir de le lire, soit de droite à gauche, la fin du texte se trouvant à l'extérieur et la partie non écrite qui suit servant, comme nous dirions maintenant, de feuille de garde.

Au point de vue du texte, le papyrus Prisse se divise en trois parties, le livre de Kaqemna, celui de Ptahhotep, et entre les deux, un espace blanc de 1 m. 37 de long. Il y avait primitivement à cet endroit un texte écrit de la même main que les deux autres, qui a été effacé avec tant de soin qu'on distingue avec peine les traces vagues de quelques signes : c'est un intéressant exemple de l'habileté avec laquelle les scribes égyptiens effaçaient l'encre; nous ne savons quels moyens ils employaient pour cela, mais nous pouvons constater qu'ils n'usaient ni de grattages ni de matières corrosives puisque la surface du papyrus n'est aucunement attaquée. Cette opération ne put avoir lieu qu'une fois le manuscrit terminé, car sinon on ne comprendrait pas pourquoi le scribe n'a pas utilisé cette partie si bien nettoyée de son papyrus, ni la raison pour laquelle les maximes de Ptahhotep ne commencent que vers le bas d'une page. Le texte effacé débutait en effet immédiatement au-dessous des derniers mots de Kaqemna et ne s'arrêtait qu'avant la première ligne du livre de Ptahhotep. Dans sa numérotation des pages du papyrus, PRISSE avait réservé à cet espace blanc le n° 3; nous conservons cette pagination pour ne pas provoquer d'erreurs dans les citations de textes.

En aucun autre point du papyrus on ne voit de traces d'une écriture plus ancienne [3]; il ne peut donc être question de le considérer comme un palimpseste, ainsi qu'on l'a dit quelquefois.

Dans les parties où l'écriture est conservée, le texte est divisé en pages de 11, 12, 13 ou 14 lignes, d'une longueur extrêmement variable, la plus petite n'ayant que o m. 17, tandis que la plus grande mesure o m. 594. Ces pages sont séparées l'une de l'autre par un blanc qui a en général de o m. 01 à o m. 03 de large. Chaque page forme donc un rectangle plus ou moins allongé où les lignes, toujours horizontales, très régulières, sont d'une longueur sensiblement égale, sauf toutefois à la dernière page qui a peut-être été écrite un peu plus hâtivement que le reste.

---

1. P. ex. à la pl. III-IV, p. vi-vii.
2. Seul le dernier, au delà de la partie écrite, est irrégulier et paraît être un raccommodage.

3. Les deux ou trois signes effacés qu'on remarque p. xii, l. 4 et p. xviii, l. 8 et 9, étant absolument isolés, proviennent sans doute d'une faute de l'écrivain, qu'il corrigea immédiatement.

PALÉOGRAPHIE.

Le copiste auquel nous devons le papyrus Prisse était un habile calligraphe et son œuvre est, dans son genre, une des plus parfaites qui nous soit parvenue. L'écriture ferme et pleine, les lignes rigoureusement horizontales, pressées les unes contre les autres sans qu'il y ait jamais de confusion entre elles ou que les signes débordent [1], tout dénote un homme rompu à son métier.

Les signes sont tracés avec un calame assez gros, taillé en pinceau court et rigide : la marque de ses fibres est bien nette dans l'écriture, chaque fois que l'encre commence à s'épuiser au bout du pinceau ; il fallait retremper celui-ci dans l'encrier après avoir tracé cinq ou six signes au plus. Les traits obtenus avec ce genre de plume sont pleins, épais de deux à trois millimètres, presque sans déliés, ce qui n'est pas le cas pour les autres papyrus littéraires de l'époque : les scribes qui écrivirent ces derniers employaient sans doute des calames-pinceaux à fibres plus longues et pouvant former une pointe.

Le type paléographique des signes se rapproche beaucoup de celui des autres manuscrits soignés du Moyen Empire, bien qu'un peu moins cursif : quelques-uns d'entre ces signes, comme le ⬡ par exemple, reproduisent presque exactement l'hiéroglyphe ; d'autres, comme 𓀀 𓀁 ⬡ 𓃻 𓎟 𓏤 𓈖 𓂋 𓈖, se rapprochent davantage de l'écriture courante de l'Ancien Empire que de l'hiératique de la XIIe dynastie [2].

L'écriture est plus serrée que d'ordinaire, presque sans intervalle entre les signes, qui se pressent les uns à la suite des autres sans toutefois se confondre. Les signes longs se suivent très souvent un par un, mais on les trouve aussi, comme en général au Moyen Empire, superposés en groupes de deux, ou, très rarement, de trois.

Les ligatures sont rares ; chacun des signes qui les composent garde son caractère particulier, nettement reconnaissable et, s'ils sont réunis par un seul trait de plume, ils ne forment jamais un de ces ensembles souvent méconnaissables au premier abord, comme c'est le cas dans le papyrus de Berlin. C'est là un des points les plus caractéristiques de la paléographie de notre manuscrit [3].

De même que dans les autres textes littéraires du Moyen Empire, il n'y a aucun signe de ponctuation, et les mots et les phrases se suivent sans aucun intervalle. Dans le livre de Ptahhotep, à partir de la page IV, les divers groupes de maximes sont séparés les uns des autres par le fait que chacun d'eux commence par une série de signes écrits en rouge, en général tout le premier membre de phrase. Ces rubriques manquent pour les préceptes de Kaqemna, et, autant qu'on peut en juger, pour le livre effacé.

Ces remarques nous permettent de dater le papyrus Prisse avec une certitude presque absolue, à une époque un peu antérieure à celle des papyrus littéraires de Berlin, donc soit à la fin de la XIe, soit au commencement de la XIIe dynastie; la première de ces époques est de beaucoup la plus probable, étant donné les renseignements que donne Prisse sur son acquisition et le fait que dans la nécropole thébaine, il n'a été trouvé jusqu'ici presque aucun monument de la XIIe dynastie, tandis qu'on en rencontre souvent qui datent des rois de la XIe. M. Möller [4] préfère cependant la deuxième alternative, sans doute par comparaison avec les inscriptions hiératiques de Hat-Noub qui datent de la XIe et ont en effet un caractère plus archaïque. Il faut songer néanmoins qu'à cette époque la civilisation devait être plus avancée à Thèbes, déjà presque une capitale, qu'à la cour des petits nomarques de la Moyenne Égypte qui n'avaient guère le temps de s'occuper d'autre chose que de batailler et dont les scribes avaient certainement une culture moins soignée; en plus de cela, la difficulté d'écrire sur la surface irrégulière des rochers explique fort bien que les inscriptions aient un caractère plus rudimentaire, plus archaïque, moins cursif qu'un papyrus bien préparé sur lequel écrit un scribe confortablement installé. Il n'y a donc aucune raison, à mon avis, de révoquer en doute les dires de Prisse, et nous pouvons admettre comme lui que son papyrus provient du tombeau d'un des Antef de la XIe dynastie.

1. Il n'y a guère que le signe ⌁ qui empiète parfois sur la ligne suivante.
2. V. les tableaux donnés dans G. Möller, *Hieratische Palaeographie*, I. pl. 1-38.

3. *Ibid.*, pl. 68-76.
4. *Ibid.*, p. 12.

CONTENU DU PAPYRUS.

C'est donc au début du Moyen Empire qu'il faut placer, non la rédaction, mais la copie de ces recueils de sentences qui nous sont parvenus, de la main d'un scribe inconnu, dans le papyrus Prisse. Ces ouvrages ont été composés, au dire du texte lui-même, à une époque antérieure, sous le nom de personnages ayant occupé une haute fonction administrative. Leur contenu, de même nature, nous présente des séries de préceptes de morale, ou plutôt de règles de savoir-vivre à l'usage, non seulement des gens du monde, mais aussi de certaines classes d'un rang un peu inférieur.

Le premier de ces livres, celui du préfet Kaqemna[1], remonte, à ce qu'il nous dit lui-même, aux règnes de Houni et de Snefron, au commencement de la IVe dynastie, et se trouve donc être antérieur de près de mille ans à la copie qui nous en est parvenue. L'opinion la plus répandue veut que nous n'ayons ici qu'un texte incomplet, auquel manquerait tout le début, une ou plusieurs pages du manuscrit; d'autres auteurs n'y voient que la préface d'un livre actuellement perdu. Comme je l'ai dit plus haut, l'examen du papyrus me porte à croire que nous sommes en présence d'un monument entier; par l'étude du texte, on arrive à la même conclusion : les premières lignes forment un tout parfaitement complet qui devient incompréhensible si l'on veut en faire la fin d'une maxime, et qui au contraire est tout à fait à sa place comme préambule un peu emphatique exaltant l'excellence des préceptes qui vont suivre. Après cet exorde viennent quelques sentences relatives surtout à la modération dans le manger et le boire, puis enfin une longue péroraison disant que tels sont les enseignements d'un grand seigneur à ses enfants et se terminant par quelques mots datant le texte.[*]

A première vue, l'ouvrage paraît donc complet, mais il est cependant fort douteux que ces quelques préceptes relatifs à la gourmandise, l'ivrognerie et la formation du caractère des enfants puissent constituer la totalité de l'enseignement d'un sage : le développement du préambule et de la péroraison font attendre un livre beaucoup plus important. Si vraiment le texte original remonte à l'époque indiquée, et il n'y a nulle raison d'en douter, il est permis de supposer qu'il aura subi, au cours des siècles, certaines modifications, ou tout au moins que l'exemplaire copié par notre scribe était très incomplet, coupé en son milieu par une grande lacune; je crois même pouvoir situer cette lacune à la page 1, l. 12, après la série de maximes qui engagent à la modération; la phrase qui suit et par laquelle débutent les préceptes relatifs à l'éducation est, sans nul doute, incomplète. Nous aurions donc ici le commencement et la fin, non l'ouvrage entier de Kaqemna.

Le livre de Ptahhotep[2] représente un ensemble beaucoup plus important; il se compose aussi d'un exorde, d'une série de maximes et d'une péroraison, mais ici c'est le préambule qui contient les données historiques, et l'épilogue qui est de nature littéraire. Il fut composé, au dire du texte même, vers la fin de la Ve dynastie, sous le roi Assa; il s'est donc écoulé un laps de temps beaucoup moins considérable entre le moment où il a été écrit et celui où il a été copié, cinq cents ans au plus. Dans ce texte qui, à première vue, paraît absolument complet, il doit cependant y avoir eu certains remaniements, car si les différentes maximes forment bien chacune un tout homogène, elles sont placées sans aucun ordre apparent les unes à la suite des autres; celles qui traitent de sujets semblables ne sont pas réunies en un groupe, mais disséminées au hasard : ainsi il y a des préceptes relatifs aux devoirs d'un chef envers ses subordonnés, p. VI, 3-10, puis p. VIII, 14-IX, 3, puis encore p. XI, 12-XII, 6; ceux qui concernent les égards qu'un mari doit avoir pour sa femme se trouvent p. X, 8-12 et p. XV, 6-8; pour ce qui est du respect dû à l'autorité, il en est parlé à la p. VII, 7-9 et à la p. XII, 6-13.

---

1. Ce personnage n'est pas connu par d'autres monuments. Son nom se retrouve sous l'Ancien Empire porté par d'autres hommes, p. ex. par le titulaire d'un des plus beaux tombeaux de Saqqarah (Ve dyn.).

2. Ce nom est extrêmement fréquent sous l'Ancien Empire (LIEBLEIN, *Dict. des noms*, 1387, 1555, 1667; MURRAY, *Saqqara Mastabas.* I, p. 5, 11, etc.). Le propriétaire du fameux tombeau de Saqqarah qui porte ce nom vivait précisément sous le roi Assa. Ses titres sont ceux d'un très haut personnage, qu'on pourrait songer à identifier avec le nôtre, n'était ce titre de « préfet » qui du reste peut être une adjonction datant du Moyen Empire pour désigner un fonctionnaire très haut placé, et surtout celui de prince royal, que ne porte pas le Ptahhotep de Saqqarah; cf. GRIFFITH, *Ptahhotep (Egyptian Research Account)*, p. 33.

Ailleurs on trouve la succession suivante de sujets qui n'ont pas le moindre rapport les uns avec les autres : l'activité produit la richesse; l'éducation des enfants; les devoirs d'un gardien; il faut résister aux flatteurs (p. vii, 9-viii, 11). — La conclusion, par contre, avec l'éloge de la science et de la sagesse, les conseils aux pères pour l'éducation de leurs enfants, forme un beau morceau d'une seule venue qui ne paraît pas avoir été retouché.

Reste entre ces deux livres la partie effacée du papyrus, sur laquelle tout ce que nous pouvons dire de certain, c'est que le texte qui s'y trouvait devait être à peu près trois fois plus long que celui de Kaqemna. Il nous est aussi permis de supposer que, encadré comme il l'était entre deux recueils de préceptes, il devait contenir des sentences du même genre. Pourquoi il fut si complètement détruit, c'est ce que nous ignorerons sans doute toujours.

II. — LES PAPYRUS 10 371 ET 10 435 DU BRITISH MUSEUM

Dans les collections du British Museum se trouve un papyrus qui contient une réplique des préceptes de Ptahhotep; les Trustees, et en particulier M. le Dʳ E. A. Wallis Budge, conservateur des Antiquités Égyptiennes et Assyriennes, nous ont très gracieusement autorisé à le faire photographier et à le reproduire ici, et nous leur en exprimons notre vive reconnaissance.

L'origine de ce manuscrit, qui faisait partie de l'ancien fonds du Musée, est inconnue, et nous n'avons pu retrouver aucun renseignement à ce sujet; il est dans un état de mutilation déplorable, une bonne partie du texte, sans doute plus de la moitié, a complètement disparu, et les fragments qui restent, au nombre de 89, sont actuellement divisés en deux séries, qui portent des numéros différents au catalogue : les huit plus importants, dont le plus grand atteint du reste à peine 0ᵐ 13 de longueur, sont collés sur cartons et protégés par un verre, et portent le n° 10435, tandis que le n° 10371 contient tous les autres morceaux, montés sans ordre entre deux glaces, formant ainsi six cadres de dimensions variées.

La hauteur du papyrus est de 0ᵐ 135, donc le même format « demi-folio » que le papyrus Prisse et la plupart des manuscrits littéraires du Moyen Empire. Quant à sa longueur, il n'est plus possible de l'évaluer; tout ce qu'on peut constater, c'est que, le début ayant disparu, et l'autre extrémité se terminant par une partie non écrite dont il reste quelques fragments, il est des plus probable que le manuscrit devait avoir été roulé en commençant par la fin, avec les premières lignes à l'extérieur, puisque ce sont celles-ci qui ont le plus souffert.

Le texte est disposé non plus horizontalement, mais en colonnes verticales, toujours comme dans les papyrus de Berlin et les autres papyrus littéraires de la même époque; ces colonnes ont en moyenne 0ᵐ 01 de large et sont séparées par un intervalle de la même dimension, mais sans grande régularité; une petite marge est réservée en haut et en bas.

L'écriture est plus irrégulière, plus cursive que celle du papyrus Prisse, mais ferme et assurée; des signes tels que le ⟟ et le ⟝ débordent franchement sur les blancs qui séparent les colonnes; on voit des pleins très gras à côté de déliés aussi fins que possible, et les signes ne sont jamais horizontaux, mais penchés légèrement de droite à gauche. Ces caractères généraux de l'écriture sont exactement ceux des papyrus de Berlin, des papyrus Butler et Amherst; pris isolément aussi, chaque signe des fragments de Londres ressemble d'une manière si frappante à ceux de ces manuscrits qu'on pourrait croire qu'ils sont de la même main.

Ces considérations relatives au papyrus lui-même et au caractère paléographique de l'écriture sont donc absolument concordantes et permettent de fixer de façon certaine l'âge du manuscrit, en l'attribuant à la XIIᵉ dynastie.

L'encre employée est toujours noire, jamais rouge, même pour le commencement des maximes, qu'aucun indice matériel ne sépare les unes des autres. Le calame employé devait être un pinceau de la même grosseur que celui dont se servait le scribe du papyrus Prisse, mais taillé d'une manière un peu différente, large dans un sens et étroit dans l'autre, de manière à pouvoir tracer indifféremment des traits gras ou fins.

On remarque en plusieurs endroits des lignes horizontales tracées à la règle, dont la présence ne s'explique pas dans un manuscrit à colonnes verticales ; elles se trouvent soit au haut, soit au bas de la feuille, soit régulièrement espacées dans toute sa hauteur. Il est fort possible qu'en confectionnant le rouleau, l'ouvrier n'ait pas eu suffisamment de feuilles blanches semblables et ait dû y ajouter celles qu'il avait sous la main, bien qu'elles fussent déjà réglées d'avance dans un autre but. La fabrication du papyrus est du reste très soignée, et les raccords des feuilles à peine visibles.

Une partie du revers a été utilisée pour y faire diverses annotations, entre autres des comptes ; ces textes qui ne semblent pas avoir de lien entre eux et qui n'ont aucun rapport avec celui du recto, sont d'une écriture cursive, petite et grasse, qui rappelle celle de la plupart des papyrus de Kahoun ; ils dateraient donc probablement aussi de la XIIe dynastie, et seraient d'assez peu postérieurs à la copie qui couvre l'endroit du rouleau. Ces inscriptions sont en lignes horizontales, avec rubriques rouges ; leur présence au verso du papyrus montre qu'on n'avait pas copié les préceptes de Ptahhotep pour les déposer dans un tombeau au milieu du mobilier funéraire d'un personnage quelconque, mais bien pour l'instruction et l'éducation des vivants, puisque, plus tard, on pouvait encore utiliser les surfaces anépigraphes du papyrus.

Le texte moral qui fait l'objet de cette publication est encore pour ainsi dire inédit : M. Griffith en a donné en 1891 une brève analyse avec la transcription d'un passage[1], et M. Lange, en 1899, le fac-similé réduit du principal groupe de fragments dans la revue danoise *Bogvennen*[2]. M. Lange qui a eu à dépouiller ce texte pour le Dictionnaire de Berlin, en avait fait une étude approfondie et avait réussi à identifier et à classer la plus grande partie des fragments ; il a eu l'extrême obligeance de mettre à ma disposition son travail resté manuscrit et je tiens à lui témoigner ici toute ma gratitude, reconnaissant en même temps toute la part qui lui revient dans cette classification à laquelle je n'ai pu ajouter que quelques fragments sans grande importance.

Les préceptes de Ptahhotep se présentent ici sous une forme très différente de celle du papyrus Prisse ; non seulement l'orthographe varie, mais aussi les mots et même des membres de phrases ; les interversions, les adjonctions, les suppressions de phrases et même de formules entières sont fréquentes. Bref, les divergences sont telles qu'on ne saurait voir dans ces deux versions du même texte deux copies, même fautives, d'un archétype unique : il semblerait presque — mais nous n'avons de cela dans la littérature égyptienne aucun autre exemple qui permette d'être tant soit peu affirmatif à cet égard — que ces préceptes de morale se soient transmis oralement et que nous ayons deux transcriptions, dues à des scribes différents, à un ou deux siècles de distance, de ces maximes classiques qui devaient faire le fonds de l'enseignement des philosophes égyptiens et que leurs élèves retenaient du mieux qu'ils pouvaient, mais sans attacher une importance exagérée à l'exactitude phraséologique du texte.

Nous publions ici (Pl. XI à XV) à la grandeur exacte de l'original, les divers fragments et groupes de fragments se raccordant avec certitude, en commençant par ceux qui ont pu être assimilés et qui sont disposés suivant l'ordre du texte du papyrus Prisse. Seuls, les fragments M, N, Q, R, S sont ceux qui portent au British Museum le n° 10435[3] ; tous les autres appartiennent au n° 10371. La concordance entre les deux textes se présente de la manière suivante :

fr. A. (3 fragm.) : 7 lignes, dont 3 à peu près entières.

Pr. XI. 13-X. 2

---

1. *Proceedings of the Soc. of Bibl. Arch.*, XIII, p. 145-149. C'est par erreur qu'une des deux séries de fragments porte ici le n° 10391, au lieu de 10371.

2. Article intitulé : *Boghaandvoerkel i det gamle Aegypten*. Le fragment reproduit est celui qui est désigné par la lettre S dans notre publication (Pl. XIII).

3. Deux petits fragments, complétant N et S, font partie du n° 10371.

fr. B. (2 fragm.) 4 demi-lignes ; lacune [1] d'au moins une ou deux lignes entre A et B. Pr. X. 4-5

— C. (2 fragm.) : 7 lignes presque complètes ; lacune de plusieurs lignes entre B et C. Pr. X. 8-12

— D. 6 lignes à peu près entières ; lacune d'une ligne entre C et D. Pr. XI. 1-3

— E. 2 bas de lignes ; lacune d'au moins 2 ou 3 lignes entre D et E. Pr. XI. 5

— F. 6 lignes dont 3 presque entières ; lacune de 2 au 3 lignes entre E et F. Pr. XI. 6-9

— G. Une demi-ligne ; lacune de plusieurs lignes entre F et G. Pr. XII. 3

— H. 3 lignes, dont 2 entières ; lacune d'au moins 3 lignes entre G. et H. Pr. XII. 5-6

— I. 2 fragments de lignes ; lacune d'une ligne entre H et I. Pr. XII. 7

— J. 1 fragment de ligne ; lacune d'une ligne entre I et J. Pr. XII. 8.

— K. (2 fragm.) : 4 lignes, dont 2 presque complètes ; lacune d'une ligne entre J et K. Pr. XII. 9

— L. 4 lignes, dont 3 presque entières ; pas de lacune entre K et L. Pr. XII. 10-12

— M. 7 lignes, dont une mutilée ; lacune d'une ligne (?) entre L et M. Pr. XII. 12-XIII. 4

— N. 7 lignes, dont le bas manque ; pas de lacune entre M et N. Pr. XIII. 4-6

— O. (6 fragm.) : 7 lignes presque entières ; lacune indéterminable entre N et O. Pr. XIII. 9-12

— P. 3 lignes, dont deux presque complètes ; pas de lacune entre O et P. Pr. XIII. 12

fr. Q. 8 lignes, dont 3 fragmentées ; lacune indéterminable entre P et Q. Pr. XIV. 1-4

— R. 8 lignes, le début et la fin très mutilés ; pas de lacune (?) entre Q et R. Pr. XIV. 5-8

— S. (5 fragm.) : 18 lignes, à peu près complètes, sauf les premières ; pas de lacune (?) entre R et S. Pr. XIV. 9-XV. 4

— T. (3 fragm.) : 8 lignes incomplètes ; lacune indéterminable entre S et T. Pr. XVI. 3-9

— U. (5 fragm.) : 6 lignes, dont deux complètes ; lacune indéterminable entre T et U. Pr. XVII. 3-4 et XVIII. 7-9

— V. (4 fragm.) : 5 lignes, dont 2 complètes ; lacune indéterminable entre U et V. Pr. XVII 9-XVIII. 1

Les autres fragments, presque tous de très petites dimensions, n'ont pu être mis en place avec certitude : ils sont réunis sur la Pl. XV et numérotés en chiffres romains, de I à XXXII ; il est possible que les fr. I, XI et XXXII correspondent à Prisse XV. 6 à 8 et, étant donné la disposition des lignes horizontales, que II, XI, XVII, XXV et XXXII doivent se placer aux environs du fr. N, et VII et X, près de H, I et J [2].

1. Ces indications sur les lacunes qui séparent les divers fragments ne doivent être acceptées que comme approximatives.

2. Ayant communiqué à MM. E. Dévaud et P. Montet les photographies des fragments de Londres, en vue de leur édition critique du Pap. Prisse, qui doit paraître prochainement, je reçois, ces lignes étant déjà sous presse, certains renseignements de M. Dévaud, qui a réussi à classer quelques-uns des petits fragments non encore identifiés, et qui a bien voulu m'autoriser à mentionner ici ces résultats : XXII vient se placer au-dessus de F (le haut de la l. 5) ; II au bas de N (fin de la ligne 5) ; XIII s'intercale entre les fr. 2 et 3 du groupe T, dont il forme le haut de la 6e ligne (les trois autres doivent être numérotées 7, 8, 9) La gravure des planches était malheureusement trop avancée pour nous permettre d'utiliser ces renseignements mieux que par une note.

III. — LA TABLETTE CARNAVON

Une grande tablette de scribe, trouvée en 1909 à Drah Aboul Negga, dans les fouilles de Lord Carnarvon, donne un duplicata d'une autre portion du papyrus Prisse, les premières lignes des préceptes de Ptahhotep. Grâce à l'obligeance de Lord Carnarvon et de MM. Griffith et Gardiner, qui ont été chargés de publier in extenso le résultat de ces fouilles, je suis à même de joindre à cet ouvrage le fac-similé du texte en question, d'après un cliché de M. Gardiner, agrandi à la dimension exacte de l'original, qui est actuellement conservé au Musée du Caire (n° d'entrée 41790). J'adresse à ces Messieurs, qui ont bien voulu me permettre de compléter ainsi mon travail, mes plus vifs remerciements.

Cette tablette est de grandes dimensions ($0^m51 \times 0^m25$), en bois recouvert d'une couche de stuc, aujourd'hui jaunâtre, bien poli et préparé pour recevoir l'écriture; elle est cassée dans le sens de la longueur et le stuc s'est un peu écaillé autour de la cassure, ce qui a fait disparaître quelques signes. Elle faisait très probablement partie d'un mobilier funéraire, sans doute de celui du scribe qui l'avait employée pendant sa vie; à cet effet, on y avait écrit deux textes qui devaient servir au délassement du mort dans sa tombe, d'un côté un roman historique, épisode de la guerre contre les Hyksos, et de l'autre le début d'un recueil de sentences morales; au-dessous de ce dernier, qui se réduisait à huit lignes seulement, on avait dessiné sommairement le schéma d'un damier.

L'écriture est tracée dans le sens de la longueur de l'objet, en longues lignes bien droites et régulièrement espacées, dénotant un scribe habile, au moins en matière de calligraphie. Quant au caractère paléographique de cette belle cursive, ferme et lisible, M. Maspero la considère comme appartenant à la XXe dynastie, tandis que M. Gardiner, en suite de diverses constatations qu'il publiera sans doute ailleurs, l'attribue plutôt à la période des Hyksos.

Quant au texte lui-même, il présente avec celui du papyrus Prisse (IV. 1-V. 8) des divergences non moins considérables que les fragments du British Museum, mais on ne peut le comparer avec cette dernière version qui ne renferme pas le début des préceptes de Ptahhotep : il n'est donc pas possible de savoir si nous avons trois rédactions différentes du recueil en question, ou seulement deux, d'un côté le papyrus Prisse, et de l'autre la tablette du Caire pour le début et les fragments de Londres pour le milieu et la fin. Cette question de la divergence qui existe entre le papyrus Prisse et le monument de Drah Aboul Negga a été étudiée très sérieusement par M. Maspero qui a le premier donné une transcription et une traduction de ce texte nouveau [1].

1. Recueil de Travaux relatifs à l'archéol. et à la phil. ég. et ass., XXXI, p. 146-153.

ADDENDUM

Parmi les publications des textes du pap. Prisse (p. 1-2) nous avons omis de mentionner la transcription complète, en hiéroglyphes et en caractères latins, des préceptes de Kaqemna et de Ptahhotep, donnée par M. E. A. Wallis Budge dans son *Egyptian Reading Book for Beginners* (London, 1896) aux pp. 241-274.

MACON, PROTAT FRÈRES, IMPRIMEURS

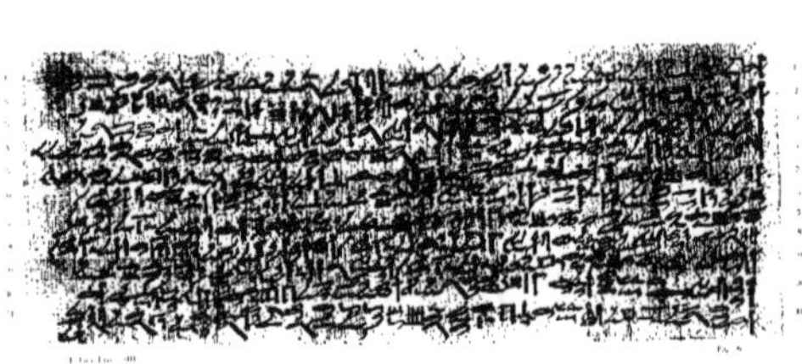

I. Pal. Perse 1VII

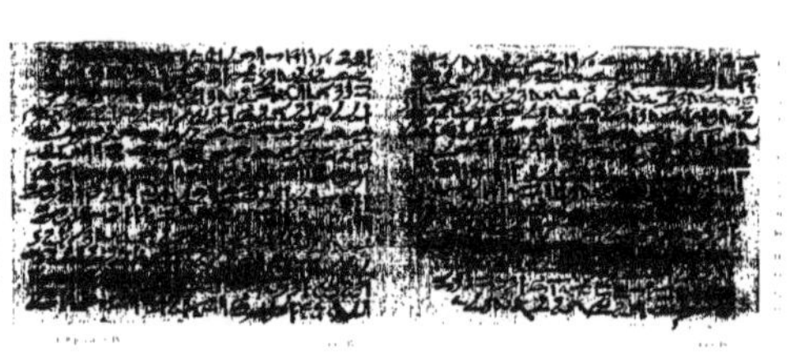

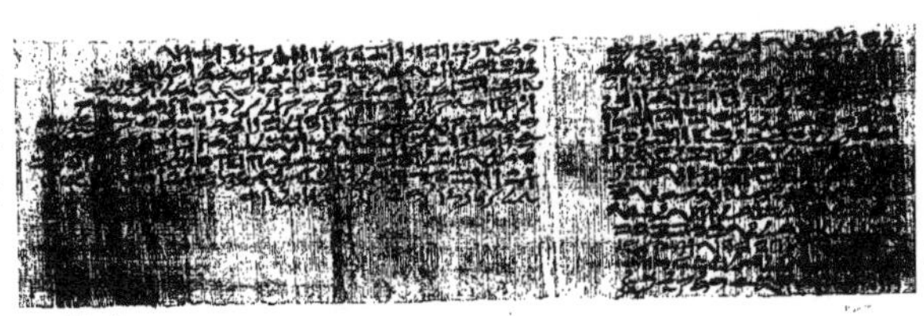

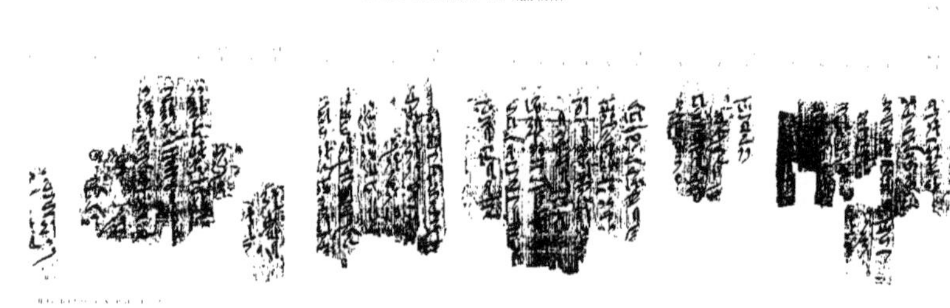

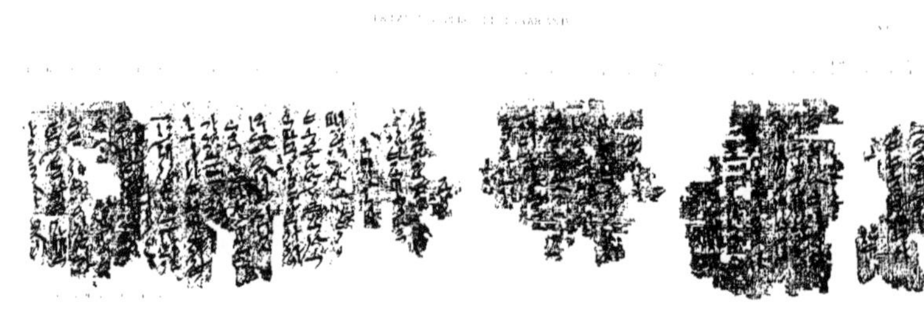

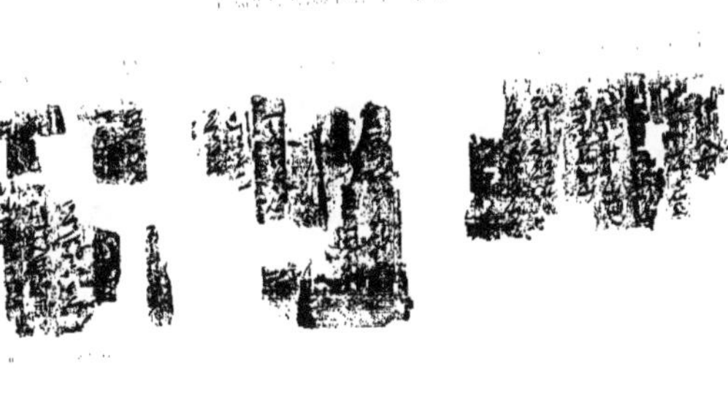

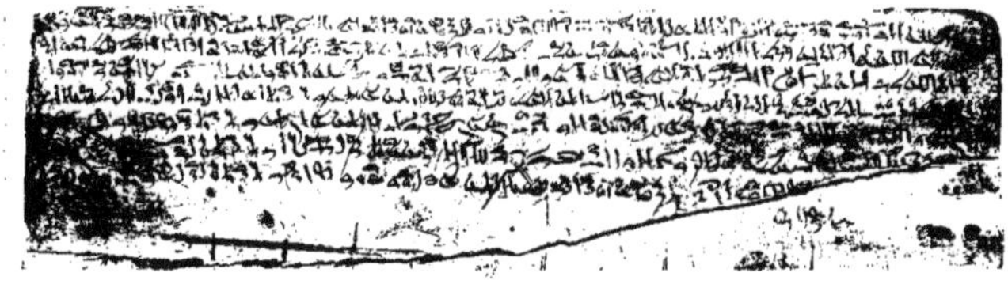

MÂCON, PROTAT FRÈRES, IMPRIMEURS

www.ingramcontent.com/pod-product-compliance
Ingram Content Group UK Ltd.
Pitfield, Milton Keynes, MK11 3LW, UK
UKHW020105100726
13658UKWH00004B/1983